Mar en los Huesos
Sea in my Bones

Juana Iris Goergen

Translated by Silvia R. Tandeciarz

Published 2023 by the87press
The 87 Press LTD
87 Stonecot Hill
Sutton
Surrey
SM3 9HJ
www.the87press.co.uk

ISBN: 978-1-7393939-2-2

Printed and bound by CPI Group (UK) Ltd, Croydon, CR0 4YY
Design: Stanislava Stoilova [www.sdesign.graphics]

Para Lukas y Karlos y Adelina: Raíces

En el año 2011, un genetista, amigo entrañable, me pidió que le ayudara donando mi material genético para un estudio que en esos momentos realizaba. Acepté. El resultado de mi estudio de ADN presentó porcentajes significantes de material genético de pueblo originario taíno y de material genético africano carabalí. Ese descubrimiento daria vida a estas páginas. Con el derecho que me concede la sangre, quiero dar voz en mi voz a la voz de mis ancestros, para que se despierten los Zemíes y en el Caribe recordemos el origen; o para que el Aché, la energía primigenia que nos llegó del África, circule libremente y se despierten danzando los Orishas.

For Lukas and Karlos and Adelina: Roots

In 2011, a geneticist, dear friend, asked if I would help him by donating genetic material to a study he was conducting. I accepted. The results of my DNA test revealed significant percentages of genetic material corresponding to the indigenous Taíno and to the African Carabalí. That discovery would give life to these pages. With the right that blood confers, I want to give voice, through my voice, to the voice of my ancestors, so that the Zemíes might awaken and in the Caribbean we might remember the origin; or so that Aché, that primordial energy that came to us from Africa, might flow freely and the Orishas might awaken dancing.

Desde mi verdinegra serranía
hoy vengo a ti, Caribe soñoliento
ansioso que me bese el pensamiento
tu boca de limón y travesía.

—Juan Antonio Corretjer, "Mar Caribe"

Escribo
para que el agua envenenada
pueda beberse.

—Chantal Maillard, "Escribir"

From my greenblack highlands
today I come to you, dreamy Caribbean
anxious that your mouth of lemons and crossings
kiss my thoughts.

—Juan Antonio Corretjer, "Caribbean Sea"

I write
so that the poisoned water
might be drunk.

—Chantal Maillard, "To Write"

KÚ
TEMPLO
TEMPLE

Capítulo X:

Cómo, los cuatro hijos gemelos de Itiba Cahubaba, que murió de parto, fueron juntos a coger la calabaza de Yaya, donde estaba su hijo Yayael, cuyos huesos se habían transformado en peces, y ninguno se atrevió a cogerla, excepto Deminán Caracaracol que la descolgó y todos se hartaron de peces. Y mientras comían sintieron que venía Yaya y queriendo en aquel apuro colgar la calabaza, no la colgaron bien, de modo que cayó en tierra y se rompió. Dicen, que fue tanta el agua que salió de aquella calabaza, que llenó toda la tierra, y con ella salieron muchos peces; y de aquí dicen que haya tenido origen el mar.

—Fray Ramón Pané, *Relación acerca de las antigüedades de los indios.*

Chapter X:

How, the four identical sons of Itiba Cahubaba,[1] who died in childbirth, went together to take Yaya's[2] calabash, which held his son Yayael's[3] bones that had been turned into fish, and none dared to seize it except Deminán Caracaracol, who took it down, and everyone ate their fill of fish. And while they were eating, they heard Yaya returning, and in their haste to hang the calabash back up, they didn't do it right, so that it fell to earth and broke. They say that so much water came out of the calabash that it filled the whole earth, and many fish came out with the water. They say that this was the origin of the sea.

—Fray Ramón Pané, *An Account of the Antiquities of the Indians*[4]

I

Cuando Deminán Caracaracol rompió la calabaza,
de los huesos de Yayael el arquero nacieron islas
un collar de islas se derramó de las aguas.

Del Caribe bullicioso nacieron.
De los huesos de Yayael nacieron.
Y el manatí, estarei tei, reluciente y quieto,
fue nombrado rey de aquellas aguas.

Tiempo después el ombligo de Yocahú pariría un Toa,
pariría todo el Toa de una vez
—mujeres, niños, hombres, árboles y animales—
        naciendo juntos
en el gran parto que iluminó los cielos y la tierra.

"Guariquen nabori guariquen."
"Ven a ver guerrero ven a ver,"
    —cantaban los sinsontes—
en el primer areyto que se oyó en las islas.
"Cocú, cocú, cocú." La luz, la luz, la luz
    —se oía al zumbador en la montaña—

Más tarde
cuando los falsos dioses envenenaron a Yocahú
y el mucarú, que también es múcaro y lechuza,
proclamó tres veces su nombre:
"Yocahú, Yocahú, Yocahú."

En la noche que desde entonces reina,
se oyó a los taínos:
"Uá anaquí, mayaní macaná, Bagua."

“No enemigo, no matarás mi mar.”

Se alzaron los guerreros.
Caciques y cacicas que llegaron al mundo,
con un pedazo del ombligo divino entre los dientes.

I

When Deminán Caracaracol shattered the calabash,
from the bones of Yayael the archer islands were born
a necklace of islands spilled from the waters.

From the teeming Caribbean they were born.
From the bones of Yayael they were born.
And the manatee, estarei tei,[5] shimmering and still,
was named king of those waters.

Some time later Yocahú's[6] navel would birth a Toa,[7]
would birth all of the Toa at once
—women, children, men, trees and animals—
        born together
in the great birth that illuminated the skies and earth.

"Guariquen nabori guariquen."
"Come see, warrior, come see,"
        —sang the mockingbirds—
In the first areyto[8] heard on the islands.
"Cocú, cocú, cocú." The light, the light, the light
        —the hummingbird was heard in the mountains—

Later
When the false gods poisoned Yocahú
and the mucarú, which is both múcaro and owl,
thrice proclaimed his name:
"Yocahú, Yocahú, Yocahú."

In the night that since then reigns,
the Taínos were heard:
"Uá anaquí, mayaní macaná, Bagua."

“No, my enemy, you will not kill my sea.”
The warriors rose up.
Caciques and cacicas[9] who came into the world,
with a piece of the divine navel between their teeth.

II

Guamikeni anaqui ciguato Yocahú.
Señor de tierra y mar[10]—enemigo que envenenó a Yocahú.

¿Por qué tú, Señor?	Banequé Bajarí
Lucero de la mañana.	Bajacú
Animal sin pareja.	Baracutey
¿Por qué tú?	Banequé
Arco para disparar flechas.	Bairá
Hilo para canastas.	Bijao
¿Por qué tú?	Banequé
Piedra grande.	Bosiba
Cordel más grueso que la cabuya.	Bayabé
Envenenado.	Ciguató.

II

Guamikeni anaqui ciguato Yocahú.
Master of land and sea[11]*—enemy who poisoned Yocahú.*

Why you, lord?	Banequé Bajarí
Morning star.	Bajacú
Animal with no mate.	Baracutey
Why you?	Banequé
Bow for shooting arrows.	Bairá
String for baskets.	Bijao
Why you?	Banequé
Large stone.	Bosiba
Chord thicker than cabuya.[12]	Bayabé
Poisoned.	Ciguató.

III

Boricua se llama el pez en arauaco.

Boricuas,
somos los peces nacidos del ombligo de Yocahú.
Somos los naborias olvidados en nuestros árboles.
Llegamos con el silencio por las hojas
para tomar la flor.
En el latido arterial de la carencia nos levantamos:
Arrayán, Guayacán, Balatá, Ceiba.
Caimito, Tabonuco, Alelí, Bitangueira…

Boricuas,
somos los peces creciendo agallas
para soltar el cuerpo al agua o a las aguas,
si mansas o si en nudos poco importa.
El mar vibra en los huesos,
el pecho guarda gotas de ámbar tibio
y florece el aliento en caracolas.

Boricua eyeri/ Boricua igneri	Boricua hombre
Boricua guariche	Boricua hembra
Boricua, guamaracha guatú	Boricua, hembra de fuego
Boricua guaili	Boricua niño

En el origen tutelar del límite: pez,
pez insumiso en sus aguas.

Boricua principio y fin.

Boricua cimú.

III.

Boricua is the name for fish in Arauac.

Boricuas,
we are the fish born of Yocahú's navel.
We are the naborias[13] forgotten in our trees.
We arrive in silence through the leaves
to take the flower.
In the arterial beating of wanting we rise:
Arrayán, Guayacán, Balatá, Ceiba.
Caimito, Tabonuco, Alelí, Bitangueira...[14]

Boricuas,
we are the fish growing gills
to release the body in water or to the waters,
whether tame or in knots hardly matters.
The sea vibrates in our bones,
our chest stows beads of warm amber
and our breath blooms in conch shells.

Boricua eyeri/Boricua igneri	Boricua male
Boricua guariche	Boricua female
Boricua, guamaracha guatú	Boricua, fiery female
Boricua guaili	Boricua child

At the origin's tutelary limit: fish,
fish unconquered in its waters.

Boricua beginning and end.
Boricua cimú.[15]

IV

Alimentado en los senos de Itiba Tajubaba
que es también Atabey, Guabancex,
Mamona y Atabeira,
—tal vez, demasiadas madres
para poder alcanzar el impulso de la especie—

Culpadas todas de haber dejado
que te crecieran cuerdas en el pecho
allí donde habita la ternura
y la sangre se estremece y canta,
allí donde nacen la luna y los naranjos, cuerdas.

En ti, Guahayona
no había sol ni había mar,
sólo una herida abierta
en las primeras noches de este mundo.

"Escúchame hijo," dijo Atabey,
"ese olor que dejan las guayabas podridas al abrirse
—Tey maku, quieto sin ojos—
es un temblor de arena sobre llamas,
es naiboa, el jugo venenoso de la yuca brava
y es incendio de sol en tu altamar derrocada.

Nitayno uará, noble tú,
pese al grito en la humedad de la piel y en la garganta.

Vendrá la ola que está cerca.
Vendrá su intacto resplandor para sanarte.

Guabonito,

poseedora del secreto de cibas y guanines
en el deslinde del amor primero
surgirá del fondo de las aguas del Caribe,
y lamerá tus heridas con salitre
y curará tu piel con hojas del sagrado Guayacán.

Tú, nacerás de nuevo: Albeorael Guahayona."

Nitayna matún guá. Noble y generosa ella
—lugar de muchas piedras, de mucho oro—

Guariche tequina, mujer maestra
en el ardor azul de las aguas.
Mujer anclada a la orilla de tu pecho.
    —Ro.tureyguá. Amor celestial.
    —Uará baberoni. Tu vasija de higüera con agua.
    —Caracurí uará. Tu joya.

Ella, desatará las cuerdas de tu pecho,
—adornándolo con el primer Guanín de las islas—
Ella, te enseñará a labrar
y a usar las cibas, las piedras y los cuarzos,
y ella, te llenará las manos de caracoles
color rosa nacarado.

Una mano de mujer te hizo
y otra mano de mujer te dio la vida.

—Daca guatiao, dijo el cacique.
Yo, yo soy, el que como yo se llama—

Ya estaba sano.Y se fue. La dejó sola.
    —Jubo/Culebra. Carite tiburón.
    —Sanaco maku. Tonto sin ojos.

En el borde inferior del Guanín
podía verse su corazón latiendo por otras mujeres.

Después un abismo y una herida muy honda
como abierta en la agonía del amor.

Más abajo el mar, azul, azul, azul, azul de ensueño.
Allí todavía espera Guabonito desolada.

IV

Nourished by the breasts of Itiba Tajubaba
who is also Atabey, Guabancex,
Mamona and Atabeira,
—perhaps, too many mothers
to reach the origin of being—

Blamed, all, for having let
strings grow in your chest
there, where tenderness dwells
and the blood quivers and sings,
there, where the moon and orange trees are born, strings.

In you, Guahayona[16]
there was no sun, no sea
only an open wound
on the first nights of this world.

"Listen to me son," said Atabey,
"that scent the rotten guavas leave when they open
—Tey maku, still and without eyes—
is a tremor of sand over flames,
is naiboa, the poisoned juice of the yuca brava
and is a sun set on fire on your defeated high seas.

Nitayno uará, noble you,
in spite of the cry in the moistness of the skin and in the throat.

The wave that is near will come.
Its intact splendor will come to heal you.

Guabonito,[17]

possessing the secret of cibas and guanines[18]
at the outer limits of first love
will rise from the depths of the Caribbean's waters,
and lick your wounds with saltpeter
and heal your skin with leaves from the sacred Guayacán.[19]

You, will be born again: Albeorael Guahayona."[20]

Nitayna matún guá. She who is noble and generous
—place of many stones, of much gold—

Guariche tequina, woman teacher
in the blue burning of the waters.
Woman anchored to the shores of your chest.
        —Ro.tureyguá. Celestial love.
        —Uará baberoni. Your fig tree vessel with water.
        —Caracurí uará. Your jewel.

She, will untie the strings of your chest,
—adorning it with the first Guanín of the islands—
She, will teach you to labor
and to use the cibas, the rocks and the quartz,
and she, will fill your hands with seashells
of rose-colored nacre.

The hand of a woman made you
and another woman's hand gave you life.

—Daca guatiao, said the cacique.
I, I am, he who like me is called—

He was already healed. And he left. Left her alone.
        —Jubo/Snake. Carite shark.
        —Sanaco maku. Dumb without eyes.

At the lower edge of the Guanín
his heart could be seen beating for other women.

Later an abyss, and a very deep wound
as if opened in the agony of love.

Further below the sea of blue, blue, blue, blue of dreams.
There Guabonito desolate still waits.

V

Desde el principio, la yuca,
desde el origen en Amauyama.
Vivir era el oficio de irle descubriendo
entre lo cotidiano y adentrarse en la pura geometría
de su jugo dulce o venenoso—yare o naiboa—
y era adentrarse en las delicias del casabe
—jau-jau, pan fino—

En ella lo transparente se vuelve inevitable,
—cobra colores, formas—
se viste abiertamente en otras realidades
a probables futuros de la forma y el tacto.

Cuando en la guerra quemaron al Zemí Baibrama,
dicen que después,
lavándolo con el jugo dulce de la yuca,
le crecieron los brazos y las piernas
y le nacieron de nuevo los ojos
y le creció otra vez el cuerpo.

Por eso en el banquete me lanzó a la aventura.
—Naboria yo—me despliego sin prisa
a una suerte voraz ante sus formas,
las engullo siempre con ojos cerrados
y corazón de yuca, abierto.

V

From the beginning, the yuca,
from the origin in Amauyama.[21]
Living was the task of discovering it
in the day-to-day and delving into the pure geometry
of its sweet or poisonous juice—yare or naiboa—
and delving into the delights of the casabe
—jau-jau, fine bread—

In it the transparent becomes inevitable
—acquires colors, forms—
dresses openly in other realities
for probable futures of form and touch.

When in the war they burned the Zemí Baibrama,
they say that afterward,
washing it with the sweet juice of the yuca,
its arms and legs grew
and its eyes were reborn
and its body grew once again.

This is why at the banquet it launched my adventure.
—I, Naboria—unwind without haste
to a fate ravenous for its forms,
devour them always with eyes closed
and heart of yuca, open.

VI

Somos cielo enterrado a golpes de raíces, en el ala de arena que lo engarza. Goeiz, el alma de los vivos, tiene dueño. No escuchamos la advertencia y Maketaori Guayaba, el dueño del Coaybay, está triste.

Hablamos la lengua de los tayras y abrazamos su falsa promesa. Maboya, el espíritu maligno, deshebra el surco del tabaco con los ojos abiertos. Sus manos dibujan ombligos a los muertos con tintas de achiote y jikileti.

No hay equilibrio. Cualquiera de sus rostros
podría prolongarse en nuestros dedos.

VI

We are sky buried by blows of roots in the wing of
sand that meets it. Goeiz, the soul of the living, has a
master. We don't heed the warning and Maketaori
Guayaba, the lord of Coaybay,[22] is sad.

We speak the language of the tayras and embrace their fake
promise. Maboya, the evil spirit, shreds the
furrow of tobacco with eyes wide open. His hands
draw navels on the dead with ink of achiote and
jikileti.[23]

There is no equilibrium. Any of his faces
could be prolonged in our fingers.

VII

En la plaza de Yara los escombros.
El estupor de los sueños devorados en Caobana.
La espiga mutilada
y la orfandad del fuego en la memoria.

Borikén llora, Boío/Kizkeya llora, Haytí llora.

Maketaori Guayaba
dueño del Coaybay donde moran los muertos
ha venido a buscarlo.

Na.an uará. En el centro tú.
Na.an daca. En el centro yo.
Na.an caona. En el centro el oro
tragándose el aroma de los huesos
que se deshacen en cenizas.

"Si hay españoles en el cielo, no voy," dijiste
"Guaibá maboya. Vete espíritu malo."
"Guarico guazábara. Venga el combate."
El fuego besando las uñitas encorvadas
del pie izquierdo, la lengua de sus llamas acariciando
piernas, muslos, pubis humeante.

En la raíz húmeda de tus ojos tiembla la hoguera.
Tórax adentro, anegado de mar insomne
te desprendes Hatuey
o te pierdes a solas en el eco ausente de tu nombre
que se impone en la tarde
a fuerza de silencios.

VII

In Yara's[24] square, the wreckage.
The stupor of devoured dreams in Caobana.[25]
The mutilated spike
and the orphaning of fire in memory.

Borikén cries, Boío/Kizkeya cries, Haytí cries.[26]

Maketaori Guayaba
lord of Coaybay where the dead dwell
has come to fetch him.

Na.an uará. At the center you.
Na.an daca. At the center me.
Na.an caona. At the center gold
devouring the scent of bones
splintering into ashes.

"If there are Spaniards in the heavens, I won't go," you said
"Guaibá maboya. Away bad spirit."
"Guarico guazábara. May the battle come."
The fire kissing the small curled nails
of his left foot, the tongue of its flames caressing
legs, thighs, smoking pubis.

In the humid depths of your eyes the bonfire trembles.
Thorax within, drowned in sleepless sea
you break free Hatuey[27]
or get lost alone in the absent eco of your name
that asserts itself in the twilight
by force of silence.

VIII

Radical, como prefijo significa cosa—yo—lo necesario
como afijo, es contracción
sombra plegada que escapa de lo que aún eres,
            Diego de Salcedo
o de lo que estás apunto de dejar atrás, en el río que te sirve
de espejo.

Sangras. Se detienen tus pulmones bajo el agua.
            Los tayras no son dioses.
"se acaba el mundo"—dicen, tú lo acabas.
Tu yo, entregado a lo que es justo
corroborando
lo que es cierto
lo   que   vale.

VIII

Radical as prefix signifies the thing—itself—what's necessary
as affix, it's contraction
furled shadow escaping from what you still are,
          Diego de Salcedo[28]
or from what you are about to leave behind, in the river that
serves you as mirror.

You bleed. Your lungs cease beneath the water.
          The tayras[29] are not gods.
"The world is ending"—they say, you finish it.
Your self, given over to what is just
confirming
what is true
what   counts.

IX

Anacaona guarico jibá.	Anacaona, ven al bosque.
Guariquen areyto yari.	Ven a ver el ameno lugar
	—para el areyto—
Guariquen taguagua.	Ven a ver los aretes de oro.
Guariquen Caonabo.	Ven a ver a Caonabo
Anacaona guarico areyto.	Anacaona, ven al areyto.
Guarico Anacaona.	Ven acá Anacaona
Uará, guamo.	Tú, trompeta de caracol.
Uará, mayna caona.	Tú, jardín.
Uará, Guanabacoa:	Tú, lugar de palmas altas
guarico, osama.	—ven, oye—
Anacaona, osama guajey,	Anacaona, oye el güiro
osama maraca,	y las maracas,
osama mayoyoacán,	oye el tambor de madera,
osama jabao.	oye la música.
Uatiaos iucaieke	Los amigos
Boío/Kizqueya,	de Boío/Kizqueya,
Tayno, ja	los buenos, de este modo
macaná maboya	mataremos
	al espíritu maligno
macaná anaqui	mataremos al enemigo
macaná	mataremos
tuyra tayra	al maléfico genio cristiano
ja	así,—de este modo—
uará-guti,	con tu pie,
uará-guti ona	con el talón de tu pie
uará-guti raim,	con los dedos de tu pie
uará-guti rokapie	con la planta de tu pie
araguaca areyto.	bailando en el areyto.

IX

Anacaona guarico jibá.	Anacaona,[30] come to the forest.
Guariquen areyto yari.	Come see the lovely place
	—for the areyto—
Guariquen taguagua.	Come see the gold earrings.
Guariquen Caonabo.	Come see Caonabo.[31]
Anacaona guarico areyto.	Anacaona, come to the areyto.
Guarico Anacaona.	Come here Anacaona.
Uará, guamo.	You, seashell trumpet.
Uará, mayna caona.	You, garden.
Uará, Guanabacoa:	You, place of tall palms
guarico, osama.	—come, listen—
Anacaona, osama guajey,	Anacaona, listen to the güiro[32]
osama maraca,	and the maracas,
osama mayoyoacán,	listen to the wooden drum,
osama jabao.	listen to the music.
Uatiaos iucaieke	The friends
Boío/Kizqueya,	of Boío/Kizqueya,
tayno, ja	the good, in this way
macaná maboya	we will kill
	the malignant spirit
macaná anaqui	we will kill the enemy
macaná	we will kill
tuyra tayra	the evil Christian temper
ja	like this,—in this way—
uará-guti,	with your foot,
uará-guti ona	with the heel of your foot
uará-guti raim,	with the toes of your foot
uará-guti rokapie	with the sole of your foot
araguaca areyto.	dancing at the areyto.

X

Ha llegado el bojike.
Tiemblan sus manos alzadas,
manos sabias de insistencias y declives
de manejos de casabe y cojibá
—pan y tabaco para los dioses—

Anaqué. ¿Por qué?
Najanequé. ¿Por qué ellos?
Nanequé. ¿Por qué yo?
grita el bojike y se sopla las manos y aspira el aliento
como si sorbiera el tuétano de un hueso.

Ha llegado la sífilis. Yaya, la sífilis, impera.
Han llegado las lluvias. Para, la lluvia, impera.
Cuatrisquie,
el Zemí que acompaña a Jurakán Guababancex,
ha soltado los vientos y las aguas.

En el Guavate oscurecen las nubes.
En las montañas de Urayoán y las de Guarionex,
Boinayel,
—Señor que es llanto y lluvia—
no para de llorar.

En el pico del Yunque,Yukiyú, el Señor de la yuca
no responde a las ofrendas.

"Mayaní macaná Jurakán. No nos mates Jurakán,"
suplican todos.

Contorsionando el cuerpo, el bojike entona el canto,

luego escupe tres veces—tzu-tzu-tzu—

—Yukiyú jan, Jurakán uá. Ja catú.
Espíritu bueno sí,
Espíritu malo no.
¡Así sea!—

X

The bojike[33] has arrived.
His raised hands shake,
hands wise from persistence and decline
from the handling of casabe and cojibá
—bread and tobacco for the gods—

Anaqué. Why?
Najanequé. Why them?
Nanequé. Why me?
cries the bojike and blows into his hands to inhale his breath
as if sucking the marrow from bone.

Syphilis has arrived. Yaya, syphilis, reigns.
The rains have arrived. Para,[34] the rain, reigns.
Cuatrisquie,[35]
the Zemí that accompanies Jurakán[36] Guababancex,[37]
has unleashed the winds and the waters.

In the Guavate[38] the clouds turn dark.
In the mountains of Urayoán[39] and in those of Guarionex,[40]
Boinayel,[41]
—Lord who is cry and rain—
won't stop crying.

At the peak of the Yunque, Yukiyú,[42] Lord of the yuca
falls deaf to the offerings.

"Mayaní macaná Jurakán. Don't kill us Jurakán,"
they all plead.

Twisting his body, the bojike tunes his song,

then spits three times—tzu-tzu-tzu—
—Yukiyú jan, Jurakán uá. Ja catú.
Good spirit, yes,
Bad spirit, no.
So be it!—

XI

Batú ciba batey/La pelota dura como piedra está en el batey.

—1—

Ni los pequeños muchachos
que aproximan la sonrisa
antes de que el juego los acabe devorando.

Ni las mujeres
que construyen la pelota
con manos toscas por la labranza y el casabe.

Ni las guamarachas
—mujeres de mal vivir, hembras de fuego—
paseando su descaro frente a los jugadores,
vientos de mar que esculpe al arrecife
que rompe a la montaña y suda ríos.

Ni los operitos del Coaybay
que se sientan sobre los vivos en Caguana,
—para degustar la urgencia—
con los paladares de sus huesos.

Ni los Zemíes,
—ávidas piedras de luz cerrando el círculo—
paralelamente o perpendicularmente
como un fragmento en una rama en vela.

Sólo Ellas conocen el origen del Batú
en las plazas del juego y de la música
—giauba fuerte, giauba sonora—

Ellas, Atebeane nequen,
—las honorables—Ellas lo saben.

“Batú ciba batey” es una dada señal alucinada.
Una doble señal significante:
El encuentro de ti, con tus posibles.

XI

Batú ciba batey/The ball hard as stone is in the batey.[43]

—1—

Not even the young men
adventuring a smile
before the game devours them.

Nor the women
who construct the ball
with hands toughened by the work and the casabe.

Nor the gumarachas
—women of ill repute, fiery females—
strolling their defiance before the players,
winds of the sea that sculpts the reef
that breaks the mountain and sweats rivers.

Nor the operitos[44] of Coaybay[45]
who sit on the living at Caguana,[46]
—to taste the urgency—
with the palates of their bones.

Nor the Zemíes,
—avid stones of light closing the circle—
parallelly or perpendicularly
like a fragment on a branch's vigil.

Only They know the origin of the Batú[47]
in the plazas of games and music
—strong giauba, resonant giauba[48]—

They, Atebeane nequen,[49]
—the honorable women—They know it.

"Batu ciba batey" is a given hallucinated sign.
A doubly signifying sign:
Your encounter with all your possibilities.

XII

Batú ciba batey/La pelota dura como piedra está en el batey.

—2—

Sin manos
serás más azul
más agua
más principio.

Vibrante conjunción. Ecuánime en lo exacto.

El mar
llevará tu nombre en cada espuma.
La multitud de vivos y de muertos
acudirá con precisión a la razón de tu principio.

En el Batú,
surges desde el fondo de ti mismo.
Trasciendes el mero transcurrir del acto.
Atebeane nequen,—las honorables,
enterradas con sus caciques—Ellas lo saben.

En el Batú
Todo eres tú
tú, lo eres Todo.
El Toa—río grande—se parece a ti.
Imagen y semejanza.

XII

Batú ciba batey/The ball hard as stone is in the batey.

—2—

Without hands[50]
you will be more blue
more water
more beginning.

Vibrating conjunction. Exact in equanimity.

The sea
will carry your name in its foam.
The multitude of living and dead
will turn with precision to the reason of your beginning.

In the Batú,
you rise from the depths of your being.
You transcend the event's mere occurrence.
Atebeane nequen,—the honorable women,
buried with their caciques—They know it.

In the Batú
All is you
you, are All.
The Toa—great river— looks like you.
Image and likeness.

XIII

Ellos hacen crecer las raíces de la yuca.
Curan enfermedades.
Alejan espíritus malignos.
Hablan mucho nuestros Zemíes.
Son muy habladores.

Les gusta cantar la canción del párpado sin ojo,
la de la niebla en la pupila y la de las ciguapas
sumergidas bajo aguas azules.
Por eso los enterró bajarí Güaybaná,
para que los tayras enemigos,
no supieran la oculta mañana que esperamos.

Hoy, sobre el rostro del tayno llueve sangre.
Su rabia inunda el cielo.

"¡Oh Zemíes de la intemperie!
Estoy aquí para desenterrarlos.
Soy Guamany, el arquero de Guaynabo."

"¡Oh Zemíes de la intemperie!
Cuando Güaybaná llegue a Caparra,
domen al caballo blanco,
hagan pedazos los cascos relucientes en el rayo
y dejen que yo, Guamany, el arquero de Guaynabo,
remate su cuello con mi flecha."

XIII

They make the roots of the yuca grow.
They cure illness.
They spook evil spirits.
They talk a lot our Zemíes.
They are very talkative.

They like to sing the song of the eyelid with no eye,
of the fog in the pupil and of the ciguapas[51]
submerged beneath blue waters.
This is why bajarí Güaybaná buried them,
so that the enemy tayras,
would not know the hidden morning we await.

Today, on the faces of the tayno blood rains.
Their fury floods the sky.

"Oh Zemíes of the storm!
I am here to dig you up.
I am Guamany,[52] the archer of Guaynabo."[53]

"Oh Zemíes of the storm!
When Güaybaná[54] arrives in Caparra,[55]
tame the white horse,
shatter the shimmering helmets in the lightning
and let me, Guamany, the archer of Guaynabo,
finish them off with my arrow."

XIV

¡Ay, prófugo del tayra.
Ay, prófugo del enemigo cristiano!
¿Quién conoce la geografía de la sombra?

—¿Opiyelgouvirán? ¿Opiyelgouvirán?—
¿Serán ellos, esos que de repente
te llaman por tu nombre?

Liberado en las pupilas de la noche
saltas de piedra en piedra,
Zemí-perro que corre
atrapando cocuyos en cualquier parte del río.

Guay Opiyelgouvirán.
—Cuidado Opiyelgouvirán—
Teytoca.
—Estate quieto—No vayas a acercarte.

Toda palabra suya es simulación o ruina.
Vinieron a dar muerte a los Zemíes.

Han pactado extraviar nuestra memoria.

XIV

Oh, fugitive of the tayra.[56]
Oh, fugitive of the Christian enemy!
Who knows the geography of shadow?

—Opiyelgouvirán?[57] Opiyelgouvirán?—
Could it be them, those who suddenly
call you by your name?

Freed in the pupils of night
you jump from stone to stone,
dog-Zemí that flees
trapping cocuyos[58] all over the river.

Guay Opiyelgouvirán.
—Careful, Opiyelgouvirán—
Teytoca.
—Be still—Better not come near.

Every word of theirs is pretense or ruin.
They came to kill the Zemíes.

They've made a pact to banish our memory.

XV

Sé
que dormían juntos en jamacas
hechas de hilos de algodón
y de cabuyas torcidas.

Najanequé. ¿Por qué ellos?

Sé
que todos asistimos a su areyto
que el bojike los bendijo:
"Ro.tureyguá." "Amor celestial."
y les entregó el joyel sagrado: un hombre sobre el otro.

Najanequé. ¿Por qué ellos?

Sé
que juntos iban a labrar el kunuku,
que los dos eran arqueros,
que les gustaba la guaracha
y en el baile, se decían uno al otro:
"Tequeta ni ro. tequeta." "Mucho mi amor, mucho."

Najanequé. ¿Por qué ellos?

Sé
que cuando los tayras los vieron
les quitaron las naguas
y troncharon con fuego su jamaca

Sí,
sé que los tayras odian a los hombres con naguas

—los Naguacokios—
porque los llevaron al mar y los ahogaron,
cortaron sus raíces.
Sus ecos verticales
donde bullía ávida la tormenta
y se vertían en jugo dulce de yare.

Anaqué anaqué najanequé.
¿Por qué, por qué, por qué ellos?

Haz de luz extraviado en éxtasis de amar,
sus naguas de algodón, son un poema errante.

XV

I know
they slept together in jamacas[59]
made of cotton thread
and twisted cabuyas.[60]

Najanequé. Why them?

I know
that we all attended their areyto
that the bojike blessed them:
"Ro.tureyguá." "Celestial love."
and gave them the sacred jewel: one man resting on the other.

Najanequé. Why them?

I know
that together they would cultivate the kunuku,[61]
that they were both archers,
that they enjoyed the guaracha[62]
and that when dancing, they would say to one another:
"Tequeta ni ro. tequeta." "So much, my love, so much."

Najanequé. Why them?

I know
that when the tayras saw them
they stole their naguas[63]
and ravaged their jamaca with fire.

Yes,
I know that the tayras hate men with naguas

—the Naguacokios[64]—
because they took them to the sea and drowned them,
cut their roots.
Their vertical echoes
where the storm eagerly heaved
and the sweet yare juice poured.

Anaqué anaqué najanaqué.
Why, why, why them?

Beam of light lost in the ecstasy of loving,
their cotton naguas are a wandering poem.

XVI

La corriente arrastra oro. La corriente está ensangrentada.
—Juan Antonio Corretjer

Se hacían llamar Taynos, es decir, buenos y nobles.

Eran hermosos. De piel cobriza y largo cabello negro. Eran lampiños. De estatura regular. Pies y manos pequeños. Su rostro era grande y ancho. Su frente era pequeña—inclinada hacia atrás por las vendas de algodón que llevaban al nacer—. Tenían labios medianos y comisura alta. Sus ojos eran negros, grandes, almendrados. Eran de pómulos salientes. De nariz aguileña y recta, dicen unos, de nariz achatada, dicen otros. Se bañaban mucho, varias veces al día, y acostumbraban a estar desnudos. Cubrían sus cuerpos con aceites y grasas vegetales y con achiote y con tintes de colores. Las mujeres casadas o las que tenían pretendientes llevaban naguas. Las cacicas llevaban naguas hasta el tobillo. Eran expertos en el uso del arco y de la flecha. Aunque esparcidos por las islas, eran un sólo pueblo. A esta isla le llamaban Borikén, tierra del valeroso señor, guardarraya que detuvo la invasión del enemigo.

"Oubao Moin," isla de sangre, la nombraban temblando los caribes.

Era
          una tierra
                    Sagrada.

"Oubao Moin," repitió el poeta, mientras temblaba en
la cárcel su entraña. Y mencionó los ríos por su nombre.
Y engranó el universo en espirales de gloria y de
alabanzas.

Es
                    una tierra
                                        Sagrada.

Los pájaros, vuelven a posarse
en las ramas de la claridad de su isla-nido.

Y el corazón del pez
pende de la punta del tuétano de un árbol
—tronco de Ausubo—en los huesos del mar.

XVI

The current is filled with gold. The current is stained with blood.
—Juan Antonio Corretjer

They called themselves Taynos, that is, good and noble.

They were beautiful. Of copper skin and long black hair.
They were beardless. Of normal height. Small feet and
hands. Their face big and wide. Their forehead
slight— sloping back because of the cotton
bandages they wore at birth—. They had medium lips
that tilted up. Their eyes were black, large,
almond shaped. Of pronounced cheekbones, they were. Of
straight aquiline nose, some say, of flattened nose, say
others. They bathed a great deal, many times a day, and were
used to being naked. They covered their bodies
with oils and vegetable fats and with achiote and colored
dyes. Married women or those who were being
courted wore naguas. The cacicas wore
naguas to their ankles. They were experts in the use of the bow
and arrow. In spite of being scattered throughout the islands,
they were one people. They called this island Borikén, land
of the brave lord, bulwark that halted the invasion of the
enemy.

"Oubao Moin," island of blood, the caribs would name her
trembling.

It was
        a Sacred
                land.

"Oubao Moin," the poet[65] repeated, his core trembling in prison. And he called each river by its name.
And he arranged the universe in spirals of glory and praise.

It is
        a Sacred
                land.

The birds, return to perch
on the branches of clarity of their island-nest.

And the fish-heart
hangs from the tip of a tree's marrow
—Ausubo trunk—in the bones of the sea.

II
AWA
ALMA
SOUL

Al comprarlo se le revisaba previamente su condición física, atendiendo a cualquier posible lesión, el estado de su dentadura, sus antecedentes, y al momento de fijar el precio, aparte de estas circunstancias importaba saber si recién había arribado del África (bozal) o si era nacido en América (ladino o criollo). En los contratos de compra-venta, el esclavo era un objeto. Eran nombrados: piezas de ébano, piezas de Indias, piezas. Eran vendidos del siguiente modo:

Alma en boca: Significaba que la pieza de ébano era vendida en pleno uso de sus facultades, es decir, sano y con óptima predisposición para el trabajo.

Costal de huesos: Que podía el negro, pieza de Indias, tener enfermedad oculta, de la que no se hacía responsable el vendedor, a menos que fuese epilepsia.

Con todas sus tachas: Que podía resultar ser después, un fascineroso, cimarrón, de lo que tampoco se responsabilizaba el traficante negrero.

—UNESCO. *Introducción a la cultura africana en América Latina.*

At the time of purchase, the slave's physical condition was first checked, noting all lesions, dental condition, antecedents, and in addition to these, upon fixing the price it was important to ascertain whether he had just arrived from Africa (bozal) or had been born in the Americas (ladino or criollo). In the bills of sale, the slave was an object. Slaves were called: pieces of black ivory (*piezas de ébano*), pieces of the Indies (*piezas de indias*), pieces (*piezas*). They were sold as follows:

Alma en boca: Meaning that the piece of black ivory was sold in full possession of all his faculties, that is, healthy and with an optimal predisposition for work.

Costal de huesos: That the black man, piece of the Indies, could have a hidden illness, for which the seller bore no responsibility, except in cases of epilepsy.

Con todas sus tachas: That later he could prove to be a delinquent or runaway, for which the slave trafficker also bore no responsibility.

—UNESCO. *Introduction to the African culture in Latin America.*[66]

I

El olor de los barcos azotando las orillas.
Negro cendal. Negra leyenda del africano.

Las zarpas duras de las olas,
maduras en la sal de su mirada.
Su esencia errante, en colinas de escombros
llega al Caribe, ausente a todo cuánto late.

Su brújula es salitre y vómito.
Su vela un sueño marchito en el sendero.

I

The smell of ships lashing the shore.
Black veil. Black African legend.

The sharp clawing of the waves,
ripe in the salt of his gaze.
His wandering essence, in hills of refuse
reaches the Caribbean, absent to all that beats.

His compass is saltpeter and vomit.
His sail a dream wilted along the way.

II

Se vende pieza de Indias.
Se venden piezas de ébano.
Se vende negra conga y negro carabalí.

Se venden
casi de regalo al final del espectáculo.
Un ala bate su canción lejana de flores amarillas
por la marca del carimbo y por el pie quebrado.

Negra conga. Negro carabalí. La brecha de una herida
dejó palomas muertas en sus ojos,
nueva fronda en su pecho
y caminar de angustia en sus rodillas.
Sin poder detenerse. Golpeados.
Las horas desgarran la amapola de sus venas,
por el fuego del látigo en la espalda
por la nariz torcida y el veneno del amo en las entrañas.

Aún no salen del espanto.
En las islas, aún buscan su grigrí entre las aguas,

Aún tiemblan sus manos asombradas.

II

Pieza de Indias[67] for sale.
Piezas de ébano[68] for sale.
Negro conga[69] and negro carabalí[70] for sale.

For sale
almost for free at spectacle's end.
A sail flaps its distant song of yellow flowers
for the branding of the carimbo[71] and the fractured foot.

Negro conga. Negro carabalí. The gaping wound
left dead doves in their eyes,
new foliage on their chest
and a gait of anguish in their knees.
Unable to stop. Beaten.
The hours tear the poppy from their veins,
for the fire of the whip on their backs
for the crooked nose and the master's poison in their loins.

Still they cannot escape the horror.
On the islands, still they search for their grigrí[72] in the waters,

Still their stunned hands shake.

III

Así nació el tambor
como delirio de pura lejanía
y retumbaron la bomba y el bongó
y llegaron los ñañigos-carabalí
y los mandinga llegaron
y los dahomey
y los ashanti
y los yoruba
y los congo, llegaron.

Su oído de tambor multiplicado en canto.

Hace un tiempo infinito dejaron caer lágrimas
como dejaron caer al mar sus huesos,
para encontrar la orilla.

Muntu, Muntu, Muntu.
—Hombres/Personas/Pueblos—
que el mar trajo a las islas
senderos de sus manos en cadenas.

En las orillas se alza Oyá, reina del cementerio.
En las orillas, Awa,—el alma—
ha aprendido a vivir a sobresaltos.

¿Adónde? ¿Adónde se han escondido sus Orishas?

Orí, que es también Olorún y Olòdúmàré
previo conocedor de su destino
eligió para ellos la Isla de los palmares en flor.

Mañana, madrugarán de nuevo.

La rigidez de las piernas
los ásperos sonidos del látigo
los barcos saturados como un ahogo, no importan.

Ha nacido el tambor. Han vuelto los Orishas.
Eleguá, ha abierto los caminos.

¡Muntu, Muntu, Muntu! Se oye el canto.
Ya no duele delirar una flor a solas.

Sus manos, son Awa, son tambor.
Son todo un mar de huesos, renaciendo.

III

In this way the drum was born
as delirium of pure distance
and the bomba[73] and bongó[74] rumbled
and the Ñánigo-Carabalí[75] arrived
and the Mandinga[76] arrived
and the Dahomey[77]
and the Ashanti[78]
and the Yoruba[79]
and the Congo,[80] arrived.

Their drummer's ear multiplied in song.

An infinite time ago they let tears fall
like to the sea they let their bones fall,
to find the shore.

Muntu, Muntu, Muntu.[81]
—Men/Persons/Peoples—
that the sea brought to the islands
trails of their hands in chains.

On the shoreline Oyá[82] rises, queen of the cemetery.
On the shoreline, Awa,—the soul—
has learned to live in fits and starts.

Where? Where have their Orishas hidden?

Ori, who is also Olorún and Olòdúmàré[83]
prior diviner of their destiny
chose for them the Island of the palm groves in bloom.

Tomorrow, again they will awaken at dawn.

The stiffness in their legs
the harsh sounds of the whip
the ships saturated like a drowning, they do not matter.

The drum has been born. The Orishas have returned.
Eleguá[84] has opened the paths.

Muntu, Muntu, Muntu! The chant is heard.
It no longer hurts to hallucinate a flower alone.

Their hands, are Awa, are drums.
A whole sea of bones, being reborn.

IV

Ha crecido lomo
que no espalda.

En este mar
desenterró los huesos
de sus ancestros, Egúngún.

En esta isla
tragó hiel de amarguras
pero impuso el manantial
de sus Orishas.

En el cañaveral
ungió el latido de su pie torcido,
de su nariz quebrada.

Florece en el tambor de cada oído
en cada ritmo del Bembé, florece.

Huele a mar y a salitre de esta tierra.
Lleva el pelo de caña incrustrado en la piel
y en las entrañas.

Hizo Ebbó, sacrificó cuando le fue preciso.
Sobrevivió los barcos, los golpes, las cadenas.

Sobrevivió.

No se rinde.

IV

His shoulders have thickened
and his sumpter's back.

In this sea
he unearthed the bones
of his ancestors, Egúngún.[85]

On this island
he swallowed the bile of bitterness
but dug the wellspring
of his Orishas.

In the sugarcane field
he anointed the throbbing of his twisted foot,
of his broken nose.

He blooms in the drum of each ear
in the rhythm of each Bembé,[86] he blooms.

He smells of sea and of this earth's saltpeter.
He carries the sugarcane fiber etched in his skin
and his loins.

He practiced Ebbó,[87] sacrificed when necessary.
He survived the ships, the beatings, the chains.

He survived.

He does not surrender.

V

Bajo las ramas de la sagrada Ceiba
vivimos el resplandor de la sombra.
Su sombra negra es geometría
de la luz que no se ve.
Allí todo chorro de negritud, es poco.

V

Beneath the branches of the sacred Ceiba[88]
we live the radiance of shadow.
Its black shadow is geometry
of unseen light.
There, every swell of negritude is wanting.

VI

Ay ay ay, los pecados del rey blanco
lávelos en perdón la reina negra.
—Julia de Burgos

Yetunde-Marta llora.
Llora Yetunde-Marta
y los barcos repletos de congos y yorubas
fluyen de sus ojos negros.

Llora barcos.
Llora, contemplando el azul mar
en los ojos de su nieta cuarterona.
Azul
gélido y detenido
como los temidos-amados ojos del amo blanco.

Yetunde-Marta llora
llora barcos
para lavar los pecados del mar
y navegar una vez más con sus hermanas negras
en el mar que redimen sus lágrimas
por los ojos azules de su nieta, casi blanca.

VI

Ay, ay, ay, wash the sins of the white King
in forgiveness black Queen.
—Julia de Burgos[89]

Yetunde-Marta[90] weeps.
She weeps, Yetunde-Marta
and the ships flush with Yoruba and Congolese
flow from her black eyes.

She weeps ships.
She weeps, beholding the blue sea
in the eyes of her cuarterona[91] granddaughter.
Blue
icy and still
like the feared-loved eyes of the white master.

Yetunde-Marta weeps
weeps ships
to wash away the sins of the sea
and to sail once again with her black sisters
on the sea that her tears redeem
for the blue eyes of her granddaughter, almost white.

VII

...por la encendida calle antillana
va Tembandumba de la Quimbamba.
—Luis Palés Matos

Hombres, buscando verla derrotada, sacudida de dolor.
A 2, a 4, a 6, a 8 brazos repiten el invento:
hombres barcos
jugando a encallar en su cuerpo de guajana.

—A golpes
de golpes barcos,
de certeza de futuros golpes,
de golpes melao-melaza, por el acantilado del sexo—

Y ella que no se rinde. Ella que se resiste— naúfraga
de una tierra con un sinfín de ceibas arrancadas
—labios y lengua en abusos detenidos.
Sus huesos dan al mar que se tiñe de rojo
—negra inédita, miel de musgo,
ñáñiga que se vierte en raíces de mar—

Nunca llegó a las islas.
Renacieron sus huesos en Yemayá.

—*Tembandumba*, la escapada—

VII

...down the flaming Antillean Street
goes Tembandumba of the Quimbamba.
—Luis Palés Matos

Men, wanting to see her defeated, shaken by pain.
By two, by four, by six, by eight arms they repeat the invention:
men ships
playing at beaching in her guajana[92] body.

—By blows
ships of blows,
certain of future blows,
of melao melaza[93] blows, along the ridge of her sex—

And she, who does not surrender. She who resists—shipwrecked
from a land of infinite uprooted ceibas[94]
—lips and tongue stilled by abuse.
Her bones an offering to the sea dyed red
—original black woman, moss honey,
ñániga[95] that spills on the roots of the sea—

She never reached the islands.
In Yemayá[96] her bones were reborn.

—*Tembandumba,*[97] the escaped—

VIII

Más allá del delirio y del eclipse, ha atravesado el mar.
Ha persistido en la lluvia que ciega los palmares
en el Awa del hijo que vuelve hasta Kikongo
        —aunque está muerto—
Ahora está donde haya miel, donde haya música,
en el espejo del agua de la fuente,
en el espejo claro del remanso, y el de la siempreviva.
Está, en el leve esqueleto azul del mar cortando versos
olorosos a plátanos maduros en el aire.

Olorosa a plátano ella misma,
entona un himno fúnebre en Yoruba:
        —"Maa ko kigbe iya rẹ, ma ko sọkun mọ."
        —No lo llores madre, no lo llores más.
        —"O yoo Gui nea, Gui nea ti wa ni lilọ."
        —Se va a Guinea, a Guinea se va.

¡Tantos años con deseos de dar un grito
por la soga del ancla y las amarras!
¡Tantos años de Bomba
para matar las hormigas del alma!   ¡Tantos años!

La flor de sus manos pasa a la boquita yerta y no llora.
Concentrado su grito en Baquiné.
Concentrado su grito en Egúngún:
"Ohe eé, Ohe eé, Oheeé, Oheeé...."

Más allá del delirio y del eclipse ha atravesado el mar.

Ha persistido.

VIII

Beyond the delirium, beyond the eclipse, she has crossed the sea.
She has persisted in the rain that blinds the palm groves
in the Awa of the son who comes back to Kikongo[98]
            —although he is dead—
Now he is wherever there is honey, wherever there is music,
in the mirror of the fountain's water,
in the clear mirror of the haven, and in that of the verbena.[99]
She is, in the sea's slight blue skeleton slicing verses
that carry the scent of ripe plantains in the air.

Also smelling of plantains, she
chants a funereal hymn in Yoruba:
        —"Maa ko kigbe iya re, ma ko sokun mo."
        —Don't weep for him mother, don't weep for him anymore.
        —"O yoo Gui nea, Gui nea ti wa ni lilo."
        —He goes to Guinea, to Guinea he goes.

So many years aching to scream
under the anchor's rope and the restraints!
So many years of Bomba[100]
to kill the ants of the soul!   So many years!

The flower from her hands lands on the small still mouth
and she does not weep.
Her cry condensed in Baquiné.[101]
Her cry condensed in Egúngún:[102]
"Ohe eé, Ohe eé, Oheeé, Oheeé...."

Beyond the delirium and the eclipse she has crossed the sea.

She has persisted.

IX

Como pájaro herido traicionado en la ternura
resiste el verso hasta las lágrimas.

Dicen que los Orishas alguna vez fueron humanos
y Ella lo perdió todo:
su reino, sus alhajas, su hermosa cabellera.

En los huesos del mar otra arcana Presencia,
en olas de energía
fustiga el viento con su aliento para abrazarla a Ella,
—raíz de soledad que se ha pensado Nadie—
mientras vierte su llanto en el rostro del río.

Subida la marea: un grito, un soplo, un encuentro,
que arropa sus pesares y arma el rompecabezas,
la nomina en su centro.

—"No llores más Oshún, tú, la más bella.
De hoy en adelante, te pertenecerá todo el oro que se
encuentra en las entrañas de la tierra. Todos los corales
serán tuyos. No te atormentes más, mira,
¿ves mi cabellera? Es tuya, hasta que la tuya crezca."—

La tierra saltó en chispazos de roca y de granito
por lo que no se olvida
por lo que deja el amor grabado en las paredes íntimas,
y por la estrella amarilla
grabada en el horizonte mortal de la pupila.

En su trono dorado, Ochún sonríe
—lo sabe el arrecife, la ola en albedrío—

"Recuérdame,—dice—
en un ida y vuelta de pájaros perdidos
al filo de la piel de una sonrisa."

En su trono de caracoles,Yemayá sonríe
artesana del agua que se yergue sobre las lágrimas.

"Encallarán,—dice—
los ojos en arrecifes de olvido
la desmemoria se comerá los días,
pero tú, encuéntrame Oshún.
Vuelve a encontrarme para siempre,
en el sexto verso de este poema."

IX

Like a wounded bird betrayed in tenderness
she resists the verse to the point of tears.[103]

They say the Orishas once were human
and She[104] lost it all:
her kingdom, her jewels, her beautiful tresses.

In the bones of the sea another arcane Presence,[105]
in swells of energy
whips up the wind with her breath to embrace Her,
—root of solitude self-conceived of as Nobody—
while She washes the river's face with her tears.

The tide risen: a cry, a murmur, an encounter,
that cocoons her sorrows and pieces together the puzzle,
names her to the core.

—"Don't cry anymore, Oshún,[106] you, the most fair.
Henceforth, all the gold found in the earth's entrails
will be yours. All the coral
will be yours. Do not torment yourself anymore, look,
do you see my head of hair? It is yours, until yours grows."—

The earth leapt with sparks of rock and granite
for what is not forgotten
for what love leaves carved on intimate walls,
and for that yellow star
carved on the fatal horizon of the pupil.

On her golden throne, Ochún[107] smiles
—the reef knows it, the willful wave—

"Remember me,—She says—
in the coming and going of lost birds
on the edge of a smile."

On her throne of seashells, Yemayá[108] smiles
artisan of the water that rises up over the tears.

"Eyes,—she says—
will run aground in reefs of forgetting
oblivion will consume the days,
but you, Oshún, come find me.
Find me once again and for always
in the sixth line of this poem."

X

En el círculo concéntrico del sexo
la esfera del reloj
se cierra en duermevelas.

El arco de su cuerpo
se desborda en el hueco de la Antilla
un día 13—mi número de suerte—será mujer
seis meses más tarde, un día 13
—su número de suerte—amanecerá hombre.

Las horas se agigantan tragando la rutina,
la corteza del alma, los pies en retahíla.

Los astros del amor polifurcan deslumbres,
asombros
maravillas
y llenx de energía, es hombre y es mujer,
Orisha andrógino.

Su nombre se arcoiriza—Òsùmààrè—
para juntar el cielo con la tierra.

X

In the concentric circle of sex
the clock's sphere
flutters in restless slumber.

The body's arch
overflows in the basin of the Antilles
on day 13—my lucky number—a woman
six months later, on day 13
—their lucky number—rises a man.

The hours swell swallowing routines,
the soul's cortex, the rehearsed feet.

Love's heavenly bodies splinter into dazzling lights,
astonishments
wonders
and full of energy, androgynous Orisha,
is man and is woman.

Their name becomes a rainbow—Òsùmààrè[109]—
to join heaven and earth.

XI

En el espejo que une este mundo y el otro te paseas
mandinga Mackandal
y junto a ti, nos paseamos todos en fila india,
acompañados del ritmo
de látigos silbando.

Al ver los látigos, los tiranos murmuran:
"Por aquí está pasando la justicia."
—Pero no—
tú sabes que no
yo sé que no
nosotros, sabemos que no.

Esos látigos que silban como hacha al viento llamando
a Gédé,—Iwas sin compasión que traen la muerte—
van trayendo otro mensaje justiciero:

—¿Tor o réson?
—¿El bien o el mal?

dice Èzilí Dantò-Erzulí Freda
y Damballah Wédo contesta:
—Pile nap, pile yo.
—Aplastados, aplastamos.

Rugen los dieciséis tambores.
Se alzan nuestros Iwas nacidos de la rabia,
contra esos tiranos que sembrando su flor,
arrancaron la nuestra.

XI

In the mirror joining this world with the other you wander
mandinga[110] Mackandal[111]
and with you, we all wander in indian file,
accompanied by the rhythm
of whistling whips.

On seeing the whips, the tyrants murmur:
"Through here justice is being served."
—But no—
you know otherwise
I know otherwise
we know otherwise.

Those whips that whistle like an axe in the wind calling
to Gédé,[112] —heartless Iwas[113] that bring death—
also bring another avenging message:

—Tor o réson?
—Good or evil?

says Èzilí Dantò-Erzulí Freda[114]
and Damballah Wédo[115] answers

—Pile nap, pile yo.
—Crushed, we crush.

The sixteen drums roar.
Our Iwas born of rage rise up,
against those tyrants, who planting their flower,
tore out our own.

XII

—¡Qué fácil conclusión engloban,
qué leve levedad invicta!—

En la escuela se aprende
que los abolicionistas eran criollos,
hijos de familias pudientes
que liberaron a todos sus esclavos
que compraban negritos
—25 pesos antes de bautizar
y 50 después de bautizados—
que fundaron sociedades y periódicos
que exigieron la abolición en las Cortes españolas
que fueron a la cárcel
o que fueron exiliados por llamar a la esclavitud,
"Ultraje."

—¡Qué fácil conclusión engloban,
qué leve levedad invicta!—

Lo que no se aprende,
es la llama que encendió esa mecha.
Verbo de lo preciso en lo impreciso,
múltiplo de lo inconmensurable,
la labor es más antigüa que la casa.

Nadie los liberó. Ellos se liberaron.

Sin manos, sin orejas
quebrado el pie y la nariz torcida
la argolla y el ramal de 12 libras

—cargado por dos meses después de 100 azotes—
la fuerte luz siempre encendida sobre los barracones
los barracones con candados y cerrojos
vigilados, siempre vigilados.

—Por cada esclavo que se resignó,
hubo 10 que se volvieron cimarrones—

Que no olviden los huesos de la órbita inmóvil
el poro que revela equilibrio en la imagen
el código que multiplica el viaje
la gota que precedió a la lluvia.

Nadie los liberó. Ellos, se liberaron.

XII

—How simple the conclusion reached,
what slight undefeated lightness!—

In school we learn
that the abolitionists were creoles,
sons of wealthy families
who freed all their slaves
who bought young blacks
—25 pesos before baptism
and 50 once baptized—
who founded societies and dailies
who demanded abolition in the Spanish Courts
who went to jail
or were exiled for calling slavery
"An outrage."

—How simple the conclusion reached,
what slight undefeated lightness!—

What is not learned,
is the flame that lit that fuse.
Verb of the precise in the imprecise,
multiple of the unfathomable,
a labor older than the house.

No one freed them. They freed themselves.

Without hands, without ears
the foot broken and the crooked nose
the twelve-pound noose and shackle
—borne two months after 100 lashes—

the unflinching light always lit above the barracks
the barracks with padlocks and bolts
watched, always watched.

—For each slave that gave up,
ten became maroons—

Let them not forget the bones of the unmoving orbit
the pore that reveals equilibrium in the image
the code that multiplies the journey
the drop that preceded the rain.

No one freed them. They freed themselves.

XIII

En Loíza, El burén de Lula

Lula hace maravillas. En el hueco de sus manos
amasa mundos de yuca y de coco,
de plátano y de jueyes.
Un paso suyo
nuestro
mío
que horada la tierra para grabar huellas
raíces de casaba y de mofongo
que son también raíces de piel
de huesos
de baile
de palabras

—"Mi mamá me enseñó a cocinar todo esto," dice.
"La magia está en la manera noble de mezclar sabores.
El burén, se encarga del resto."—

XIII

In Loíza, El burén de Lula[116]

Lula makes miracles. In the hollow of her hands
she kneads worlds of coconut and yuca,
of plantain and of land crabs.
One of her steps
of ours
of mine
breaks open the earth to register the traces
casaba and mofongo roots
that also are the roots of skin
of bones
of dance
of words

—"My mother taught me to cook all this," she says.
"The magic lies in the noble way of mixing flavors.
The burén[117] takes care of the rest."—

XIV

La mentira prevalece, la mentira…
—Aimé Césaire

Envueltos en humo de tabaco y agua Florida
de par en par abiertos los huesos de su cuerpo
de par en par el sueño, invicto en el vientre de los peces
no hay barcos
ni sogas
ni látigo en su arcilla
no hay carimbo
ni amo
ni pájaros intranquilos en su alma
ni la furia generosa de las milicias.

No hay estereotipos.

XIV

The lie prevails, the lie...
—Aimé Césaire

Wrapped in the smoke of tobacco and agua Florida[118]
bit by bit the bones of his body opened
bit by bit the dream, undefeated in the belly of fish
there are no boats
no ropes
no whip in its clay
there is no carimbo[119]
no master
no restless birds in his soul
no generous fury of militias.

There are no stereotypes.

XV

> *Todo está hecho de Aché y con Aché todo es posible.*
> —Marta Moreno Vega

Color incoloro suave
suave crujir
que se pega a los labios
que se pega a las piernas
suave crujir de hojas
que acaricia la piel del día
brillo fuerte
oscuro y fuerte ruido
crujir de estrellas
que calienta la piel del aire
y me pule las manos y los sueños
de energía
con olor a mis abuelas
y que sabe a mí
y que corre por mi piel
de algodón
de sol
de ébano
de energía
que circula constantemente
hueso adentro hasta la médula
hasta uno no ser
hasta uno dejar de ser
para volver a ser completamente
color incoloro suave
brillo fuerte
de energía que circula

una vez más
mordiéndose la vida
18
36
54 pulsos de energía
con olor a mí
siempreviva
para honrar a mis ancestros
para despertar a los Orishas
para tocar a Olofí
en los huecos deformes
después del fuego
y para volver a hallarle
en Ílé Ífé o en el palacio de Potala
o en Troya, o en Ankara o en Dachau
rescatando del olvido
mis cenizas.

XV

All is made of Aché[120] *and with Aché all is possible.*
—Marta Moreno Vega

Gentle colorless color
gentle rustling
that sticks to the lips
that sticks to the limbs
gentle rustling of leaves
that caresses the day's skin
fierce radiance
dark and fierce sound
rustling of stars
that warms the air's skin
and hones my hands and dreams
of energy
with my grandmothers' scent
and the taste of me
and that runs down my skin
of cotton
of sun
of ebony
of energy
that circles constantly
bone-in to the marrow
until one is not
until one ceases to be
so as to be again completely
gentle colorless color
fierce radiance
of energy that circles

one more time
biting its own life
18
36
54 beats of energy[121]
that smells of me
everlasting
to honor my ancestors
to awaken the Orishas
to touch Olofí[122]
in the hollows deformed
after the fire
and to rediscover Him
in Ílé Ífé[123] or the Potala Palace
or in Troy, or in Ankara or in Dachau
rescuing from oblivion
my ashes.

III
BAGUA
OMI
MAR
SEA

Y cada ser humano, por su parte, es el mar o el océano de un planeta, pues el 71 por ciento de su sustancia consta de agua salada, como el 71 por ciento de la Tierra está cubierta por mares y océanos.

—Elisabeth Mann Borgese

And every human, in turn, is the sea or ocean of a planet, for 71 percent of his substance consists of salty water, just as 71 percent of the earth is covered by seas and oceans.

—Elisabeth Mann Borgese[124]

I

Hasta que los leones tengan sus propios historiadores,
las historias de cacería seguirán glorificando al cazador.
—Eduardo Galeano

Descuajados de entrañas,
con ruidos que se esconden en la raíz del mundo,
linajes
honduras que intento sostener en la palma de mi mano.

Hombres y mujeres de emplazados dialectos
son mi trama.
Escribo sus raíces en un libro, para que descansen en él.

La brisa trae vientos de otras tribus a mi frente,
radiantes
como la estrella verde que pegamos
en el vidrio-mar de las islas

y brilla
cada noche
al trasluz.

I

Until lions have their own historians,
histories of the hunt will glorify the hunter.
—Eduardo Galeano[125]

Disemboweled
with sounds that hide at the root of the world,
lineages
depths I attempt to hold in the palm of my hand.

Men and women of suppressed dialects
are my plot.
I write their roots in a book so they may rest in it.

The breeze brings winds of other tribes to my brow,
radiant
like the green star we hung
in the glass-sea of the islands

that shimmers
each evening
against the light.

II

...y el martirio como un mar, los inundaba.
—Julio Cortázar

Viento que nos empuja a mar, a amar,
a martirios de mar, de amar
donde todo renace y se desploma,
en el grito repetido en todos los gritos,
y en los cuerpos de islas náufragas que se hunden.

Para eso fueron hechas
para habitar el centro de todos los vacíos.

A esta hora la luna duerme en los arrecifes.
Todavía hay barcos o hay yolas—da lo mismo—
hay peces y puertos calcinados,
hay mar y sal y olas en constante movimiento.

Falta la corriente de Orishas y Zemíes
lamiendo las riberas
para augurar el retorno de Tayno/Muntu, triunfante.

II

...and martyrdom like a sea flooded them.
—Julio Cortázar

Wind that pushes us to sea, to love,
to martyrdoms of sea, of love
where all is reborn and shatters
in the cry repeated in all the cries,
and in the bodies of shipwrecked islands that sink.

That is why they were made
to inhabit the center of all voids.

At this hour the moon slumbers in the reefs.
Still there are boats or yolas[126]—it makes no difference—
there are fish and burnt ports,
there are seas and salt and waves in constant motion.

What is missing is the current of Orishas and Zemíes
lapping the shores
to presage the return of Tayno/Muntu, triumphant.

III

En el fondo de sus aguas
los muertos no hablan
no bailan
no se ríen de su muerte
no recuerdan su vida.
Al margen de la amnesia,
con la cabeza henchida de ocasos y equipajes
no saben quienes fueron
y buscan en la periferia del mar un gancho,
alguna longitud que persevere en ellos.

Desde esa arista observan lo figurativo
—el ojo ajeno del arte y los poemas que su yola inspira—
Los anuncios que no entienden la herejía del llanto,
la ironía que divulga su canto migratorio y esencial
—incurable y olímpico—

La noche crece entre sus labios húmedos de mar
sus sueños descansando entre pálidas algas
—como pálidos son sus huesos—

Concentrados en un campo de mar
su ataúd es una yola, empujada todavía
por el temible eco de otro tiempo: "Arbeit macht frei."
        "El trabajo los hará libres"

III

In the depths of its waters
the dead don't speak
don't dance
don't laugh about their death
don't remember their life.
On the verge of amnesia,
head bursting with sunsets and baggage
they don't know who they were
and they seek in the periphery of the sea a hook,
some longitude that perseveres in them.

From that ridge they observe the figurative
—the estranged eye of art and the poems their yola[127] inspires—
The ads that fail to grasp the heresy of tears,
the irony their migrant and essential song divulges
—incurable and olympic—

The night stretches between their sea-moistened lips
their dreams resting in pale algae
—as pale are their bones—

Imprisoned in a sea camp
their coffin is a yola, pushed still
by the feared echo of another time: "Arbeit macht frei."
        "Work will set you free."

IV

Más mar el mar
y más muerte la muerte
desde sus orillas
20 ñáñigas
alimentando una misma esperanza
que estalla bajo el agua
20 claveles rojos
20 azucenas blancas
una por cada uno
de los que emprendió el viaje
una por cada uno
de los que abrigó la esperanza
una por cada uno
de los que se lanzó de cara al mar
soñando continentes
más allá del Caribe,
que enojado
balancea la yola
en la punta de su lengua
y les reclama en olas
rastrillando en el aire—peligrosas—
20 congos
y una barca—hecha de cualquier cosa—
¿quién sabe de hambre o escasez?
¿quién sabe de habitual desesperanza?
¿y quién sabe del mar, invitando a morir,
echando furias?
20 razones llamando a la aventura
20 Eleguás
cerrando los caminos
deteniendo en el mar la sombra de su sombra

que se enroló a morir en el negro oleaje
20 claveles rojos
20 azucenas blancas
para las 20 ñáñigas
para los 20 congos

soñando
                    con llegar
                                        a Ílè Ífé

la inalcanzable.

IV

More sea the sea
and death more death
from its shores
20 ñáñigas[128]
feeding the same hope
that bursts beneath the waters
20 red carnations
20 white lilies
one for each
of those who braved the journey
one for each
of those who sheltered hope
one for each
of those who leapt face first into the sea
dreaming continents
beyond the Caribbean,
that angry
balances the yola
on the tip of its tongue
and cries out in waves
—dangerous—raking the air
20 congos[129]
and a boat—made of anything—
who knows of hunger or scarcity?
who knows of habitual despair?
and who knows of the sea, beckoning death,
spewing furies?
20 reasons calling for adventure
20 Eleguás[130]
closing the roads
detaining in the sea their shadow's shadow

enlisted to die in the black swells
20 red carnations
20 white lilies
for the 20 ñáñigas
for the 20 congos

dreaming

                    of arriving
                                        at Ílé Ífé,

the unreachable.

V

En el tercer hemistiquio de la memoria,
donde guardo la piel de mis ternuras
hay rugidos de mar y osamentas de espumas.

Esta es la certidumbre
todo lo envuelves tú, viejo mar de las Antillas,
todo lo abarcas.

Una espada de ángel hace trizas
la frágil realidad que me rodea.

Sin luz de tus arenas,
me entrego al dolor del desarraigo
incrustado en mis costillas.

Me crecen palmeras
uvas de playa
y caracolas
en el vientre.

Este libro, es el momento de la creación
que nos distancia y nos exhibe,
en él,
tú eres semilla de mis huesos
yo,
soy la poeta de perfil
que te piensa.

V

In the third hemistich of memory,
where I hold the skin of my affections
there are skeletons of foam and the sea's roars.

Of this I am certain
you envelope all, old sea of the Antilles,
you encompass all.

An angel's sword shreds
the fragile reality around me.

Without the light of your sands,
I succumb to the pain of uprooting.
encrusted in my ribs.

I grow palm trees
sea grapes
and seashells
in my womb.

This book is the moment of creation
that distances and exhibits us,
in it,
you are seed of my bones
I,
the poet in profile
that conjures you.

IV
EPÍLOGO
Epilogue

Necesito incorporar un misterio para devolver un secreto, una claridad que pueda compartir.

—José Eugenio Cemí

I need to incorporate a mystery to give back a secret, a clarity I can share.

—José Eugenio Cemí[131]

MAR EN LOS HUESOS

Sin cuerpo acongojado, trémula el alma...
—Evaristo Rivera-Chevremont

I
Si pierdo la batalla,
quiero que guarden mis cenizas
en la cajita labrada de la abuela.

II
Llévenme allí, donde ya saben.
A Él quiero volver, definiendo
en la pura transparencia de sus aguas
mis sombras,
y las sombras de escualos y arrecifes,
su lengua acariciando el fijo litoral de mi memoria,
llamándome a la entrega
llamándome sin tregua a sus orígenes
—la luna que miraban los caldeos, la brújula incesante,
el astrolabio, la conquista de reinos por la fuerza
inmortal de su tridente, el peso de tesoros en balanza—
llamándome, llamándome al origen, es decir,
a las algas escondidas en las ingles donde sólo su gesto
podría recogerlas sin error en mis cenizas
—suma de mi yo ausente—
vaciadas por la lluvia en sus riberas.

III
Mañana, ¿quién puede predecirlo?
acaso seré en sus aguas, río, océano, mar muerto
o mar de muertos
¿con quién será mi encuentro?

¿tal vez los Naguacokios?
¿acaso mis ñáñigas abuelas?
¿Será Ofelia o la desconocida del Sena?
¿o encontraré en sus aguas náufragos de otras islas
marcando las voraces estaciones,
de este íntimo viaje a sus adentros?

IV

Quiero volver al corazón del viejo mar de las Antillas
dormir entre sus aguas, entregadas mis formas
que sólo junto a Él son verosímiles.
La perfecta ecuación: la perla azul dormida
en la infinita suma de su espacio
donde puedo llamarle mar azul o azul mar
o sólo mar, mar, mar, mar
y en cada monosílabo su nombre cambia.
Es la oculta matemática de encuentros
espejismos del hueso contra el hueso hecho cenizas
donde Él y yo,
somos lo exacto
en unidad creciente.

V

Llévenme en la cajita labrada de la abuela
a buscar los poemas ocultos en su seno
a dejar que mis cenizas
irrumpan de repente en su garganta.
Y ría con mi risa de poeta feliz el viejo mar Caribe
y devuelva el resto de sus muertos a la orilla
—porque sí—
porque es hermoso el músculo y el seno
el plenilunio en convulsión, la sal, la planta,
el fémur, la nostalgia,
un latido dichoso de cenizas y el aroma celeste
de un pez y de un suspiro.

VI

Perpetua habitará mi vida en su memoria
agua pasando y pasando
de un poeta a otro en cada estirpe;
mi gratitud en los andamios de su espuma
que no termina
que no termina
que no termina.

Sea in my bones

Without a grieving body, the tremulous soul...
—Evaristo Ribera Chevremont[132]

I
If I lose the battle,
I want my ashes stored
in your abuela's[133] small carved box.

II
Take me there, you know where.
To Him I want to return, defining
in the pure transparency of His waters
my shadows,
and the shadows of sharks and reefs,
His tongue caressing the fixed horizon of my memory,
calling me to succumb
calling me insistently to our origins
—the moon watched by the Chaldeans, the unceasing compass,
the astrolabe, the conquest of kingdoms by the immortal
force of the trident, the weight of treasures in the balance—
calling me, calling me to the origin, that is,
to the algae hidden in my groin which only His gesture
could gather without fail in my ashes
—sum of my absent self—
emptied by the rain on His shores.

III
Tomorrow, who can predict it?
perhaps I'll be in His waters, river, ocean, dead sea
or sea of the dead
who will I encounter?

maybe the Naguacokios?
or my ñáñiga abuelas?
Will it be Ophelia, or the unknown woman of the Seine?
or will I find in His waters the shipwrecked of other islands
marking the voracious seasons,
of this intimate voyage to His depths?

IV

I want to return to the heart of the Antilles' old sea
sleep in His waters, delivered my contours
that only close to Him are plausible.
The perfect equation: the blue pearl asleep
in the infinite sum of His space
where I can call Him sea of blue or blue sea
or only sea, sea, sea, sea
and with each monosyllable change His name.
This is the occult mathematics of encounters
hallucinations of bone against bone turned to ashes
where He and I,
are exact
in expanding unity.

V

Take me in abuela's small carved box
to search for the poems hidden in His bosom
to let my ashes
burst unannounced in His throat.
And may the old Caribbean Sea laugh with my laugh of
happy poet
and return the rest of His dead to the shore
—because yes—
because there's beauty in the muscle and the breast
the convulsing full moon, the salt, the plant,
the femur, nostalgia,

the joyful heartbeat of ashes and the celestial aroma
of a fish and of a sigh.

VI

Everlasting my life will shelter in His memory
water flowing and flowing
from one poet to another in succession;
my gratitude in the scaffolding of His foam
never ending
never ending
never ending.

CONTENIDO /CONTENTS

AGRADECIMIENTOS

AGRADEZCO profundamente a Edwin Miner Solá por compartir su amplio conocimiento de la cultura Taína y por su invaluable *Diccionario taíno ilustrado* y a la doctora Marta Moreno Vega por compartir su amplio conocimiento de la Santería y las aportaciones de la cultura africana al Caribe, así como por sus invaluables libros *The Altar of My Soul* y *When the Spirits Dance Mambo*.

ACKNOWLEDGMENTS

MY DEEPEST THANKS to Edwin Miner Solá for sharing his extensive knowledge of the Taíno culture and for his invaluable *Diccionario taíno ilustrado* [Illustrated Taíno Dictionary]; and to Dr. Marta Moreno Vega for sharing her extensive knowledge of Santería and the contributions of African culture to the Caribbean, as well as for her invaluable books, *The Altar of My Soul* and *When the Spirits Dance Mambo*.

Bios

Juana Iris Goergen (Puerto Rico). Poet and Emerita Professor at DePaul University, Chicago. Visiting Professor at InterAmerican University, Arecibo, Puerto Rico. She has published *La sal de las brujas* (finalist of Letras de Oro Awards, Betania 1997,) *La piel a medias* (2003,) *Las Ilusas/ Dreamers* (in *Desarraigos*, contratiempo, 2008) and *Mar en los huesos* (Pandora/Lobo estepario, 2017). Her poetry has been published in numerous anthologies, most recently, *LatinUsa* (Mexico, 2018). She was initiator and co-organizer for eleven years of the Chicago International Poetry Festival, "Poesía en abril." She has edited nine poetry anthologies, among them: *Susurros para disipar las sombras, Rapsodia de los sentidos* and *Ciudad Cien* (Erato Poesía, Poesía en abril Chicago). She was awarded contratiempo's Poesía/Cultura Award, 2014 and the José Revueltas Poetry Award, 2018. At the moment she is working on two poetry collections, *La celda del iris/ Iris' prison cell* (under review) and *Requiem al sueño americano: otro "Canto general"/ Requiem to the American Dream: another "Canto general."* In 2019 she was honored by the International Poetry Festival Poesía en Abril Committee and DePaul University with an award that bears her name, the Juana Iris Goergen Poetry Award.

Silvia R. Tandeciarz holds a B.A. and M.A. in English from Stanford University and a Ph.D. in Literature from Duke University. She is Chancellor Professor of Modern Languages and Literatures and Vice Dean for Social Sciences and Interdisciplinary Studies at William & Mary, where she has worked since 1999. A translator, poet, and scholar in the field of Latin American Cultural Studies, she has published widely on memorial and human rights initiatives in postdictatorship Argentina. Her most recent book, *Citizens of Memory: Affect, Representation, and Human Rights in Postdictatorship Argentina* (2017, Bucknell University Press) appeared in Spanish in 2020. In addition to the poems of Puerto Rican poet Juana Goergen, her work in translation includes the book-length critical treatises *Masculine/Feminine* (Duke University Press, 2004) and *The Insubordination of Signs* (Duke University Press, 2004), both by the Chilean theorist Nelly Richard completed in collaboration with Alice Nelson. She is the author of the poetry collection *Exorcismos* (Betania, 2000).

[1]Also known as Guabancex, the spiritual mother, mother of the supreme god, Yocajú.

[2]Supreme Spirit, God possessing fire.

[3]Son of Yaya who, because he wanted to kill his father, was exiled and later killed by Yaya.

[4]*An Account of the Antiquities of the Indians: A New Edition with an Introductory Study, Notes, and Appendices by José Juan Arrom.* Ed. José Juan Arrom, trans. Susan C. Griswold. Durham, NC: Duke University Press, 1999. Page. 14, translation modified.

[5]Estarei tei (also tey) means shimmering and still in Taino. Goergen typically follows her use of Taino, Yoruba, and other languages with a direct translation, as she has done here. Only translations that diverge from this practice, or require further clarification, will be footnoted moving forward.

[6]Supreme god considered, together with his mother Guabancex, creator of life.

[7]Taino name for the La Plata river, the longest river on the island of Puerto Rico; Toa also means mother, and also is used to signify nation.

[8]Areyto or areito is the Taino term for ceremonies including song and dance that were used to honor Taino gods, ancestors, spirits, and chieftains; victories and the fallen; marriages and other rites.

[9]Caciques and cacicas are the gender-specific (male and female, respectively) Taino terms for their leaders.

[10]Colón. Name given to Columbus by the natives, translated here as "Master of Land and Sea."

[11]Columbus. See note 10.

[12]Thin rope or chord made from maguey (a kind of agave) and commonly used to string hammocks.

[13]Taíno word for servants, workers.

[14]Taíno names of trees found in Puerto Rico.

[15]Taíno word for origin, beginning.

[16]One of the four identical sons of Itiba Tajubaba, suffering with syphilis.

[17]Mythical woman of the sea, with magical and healing powers, who cured Guahayona's sores.

[18]Cibas are sacred stones similar to marble worn tied around the arms and on the chest; guanines are made of metal and worn in the ears; these were a gift from Guabonito to Guahayona, according to Taino mythology.

[19]Small tree from southern coast; its wood was so valuable it was sold by weight; its resin was used to prepare medicine to treat syphilis and other conditions.

[20]The name Guahayona took after recovering and leaving Guabonito.

[21]According to Taino mythology, Amauyama is the cave from where human life originated.

[22]Place in Haiti inhabited by the dead.

[23]Indigo.

[24]Refers to Yara, Cuba, where the Taino Chief, Hatuey, was burnt at the stake in 1512 after organizing a guerrilla war against the Spanish. Yara in Taino means place.

[25]Indigenous name for Cuba.

[26]Indigenous names for Caribbean islands, including Puerto Rico and Hispaniola.

[27]The name of a Taino Chief, Hatuey, killed by the Spanish.

[28]Spanish conquistador whose death in the Guaorabo river, presently Great Añasco River, at the hands of the indigenous Taíno, according to legend, ignited the Taíno rebellion of 1511.

[29]Taíno for "evil genius," name given to the Christianizing Spanish by the indigenous.

[30]The wife of Caonabo.

[31]Cacique from Hispaniola who fought against the Spanish and is considered the first liberator of the Americas.

[32]Percussion instrument made from a hollow gourd.

[33]Natural medicine doctor.

[34]The word for rain in Arawak.

[35]Also Coatrisquie; divinity that gathers the waters in mountain valleys and allows them to run and destroy.

[36]Also Juracán; god representing the forces of evil.

[37]Serpent mother, mother of supreme God, Yocajú.

[38]Name of a mountain range in Cayey; the name means "place where the clouds turn dark."

[39]Cacique from Yagüeca region who ordered his servants to drown the Spaniard Diego de Salcedo to see if he was immortal. Upon proving the Spanish were mortal, the indigenous rebelled to regain the freedom they had lost.

[40]Cacique from Otoao region who attacked and destroyed Sotomayor's settlement during the indigenous rebellion of 1511. Killed by Juan González.

[41]Weeping God of rain; in some mythological versions, the solar embodiment of Yucayú.

[42]God of good, believed to live in the Yunque and to be the protector of Borikén, Puerto Rico.

[43]Square or rectangular space in front of the cacique's residence used for assemblies, ceremonies, and games.

[44]Name given to the dead, who were said to lose their navels.

[45]Place in Haiti inhabited by the souls of the dead.

[46]Indigenous name for Utuado municipality.

[47]Ball game, often with ceremonial or celebratory function, played on dirt courts in which teams of twenty to thirty players competed.

[48]Music.

[49]Name given to the woman buried alive when the cacique died, usually the cacique's wife or favorite.

[50]The batú (ball game) is played without hands, by hitting the ball with other parts of the body.

[51]Beautiful women who live in the sea; mermaids.

[52]Cacique from the Guaynabo valley who helped Ponce de León establish the settlement of Caparra and later, with the Cacique Bayman, attacked it.

[53]Guaynabo means literally, "we have here another place of water." It was the first territory conquered by the Spanish when they established the settlement of Caparra.

[54]Brother of the Cacique Agueybana, whose power he inherited

upon his death, Guaybana organized an areyto in which he called for an island-wide rebellion against the Spanish. Guaybana was killed in 1511 in the battle of Yagüeca. After his death, the rebellion weakened greatly.

[55]Spanish colonial settlement established by Ponce de León in 1508 as Puerto Rico's first capital. It was officially abandoned by the Spanish about a decade later due to frequent attacks by the natives and general inhospitability, and the capital was moved to San Juan.

[56]Taíno for "evil genius," name given to the Christianizing Spanish by the indigenous.

[57]Zemí with four doglegs who would escape to the jungle at night.

[58]Click beetle, native to Puerto Rico, often confused with a firefly.

[59]Hammocks.

[60]Thin rope made of maguey, used to string hammocks.

[61]Cultivated plot of land.

[62]Folk dance.

[63]Skirt or petticoat used by married women, or women being courted, also used by cacicas or by men to renounce heterosexuality, as a sign of change from their gender at birth.

[64]Gender changer/homosexual, fully accepted by the Taínos.

[65]Juan Antonio Corretjer.

[66]This is taken from a Spanish-language 1979 UNESCO publication by Salvador Bueno: *Introducción a la cultura africana en América Latina* (Paris: UNESCO, 1979). Other sources, however, define these categories slightly differently: "alma en boca" literally means "soul in mouth" (apparently in perfect condition but could be close to drawing last breath). Similarly, "costal de huesos" means "sack of bones" (bones soon ready to be put in a sack for burial). "Con todas sus tachas" means "with all moral and physical defects."

[67]Term used in the asiento slave trade to Spanish America that constituted a theoretical value equivalent to an adult slave in the prime of his or her life.

[68]Term used to refer to natives of West Africa; in English, "black ivory."

[69]Black Congolese woman.

[70]Generalized term coined by slave traders to refer to the Calabar region in Nigeria; it encompasses many people such as the Efik, the Ibibio, and the Igbo, among other sub-groups

[71]The carimbo is the branding iron used by the Royal Company of the Indies to mark Africans as property.

[72]Talisman originating in Africa believed to protect the wearer from evil; in some West African countries also used as a method of birth control.

[73]Traditional Afro-Puerto Rican musical style combining Taíno, African, and Spanish cultural traditions.

[74]Percussion instrument.

[75]The word ñáñigo-carabalí refers to a member of an Afro-Cuban secret society or brotherhood dating back to the nineteenth century; its members often came from the region of Calabar in Nigeria. The term Náñigos also refers to devil-like figures that dress in colorful straw costumes and hide their faces behind masks with cone-shaped hats.

[76]West African ethnic group, descendants of Mali empire.

[77]Kingdom in Western Africa (now Benin) annexed by the French at the end of the nineteenth century; inhabitants practiced Voodoo and its last king, Béhanzin, was exiled in the Caribbean.

[78]Ethnic group from Western Africa, present-day Ghana.

[79]Ethnic group from North-central Nigeria and South-central Benin.

[80]Ethnic group from the Atlantic Coast of central Africa.

[81]A black African person.

[82]In the Yoruba religion of Santería, the fiercest of female Orishas or deities ruling over nature and humanity; Oyá is the Orisha of the marketplace, winds, and change. She is also the Orisha protector of Puerto Rico.

[83]Ori, both an Orisha and a metaphysical concept, literally means head and refers to one's spiritual destiny and intuition; Ori, Olorun, and Olòdúmàré are all words for God in Yoruba.

[84]Orisha of doors, gateways, crossroads, and communication.

[85]Yoruba masked, costumed figures connected with ancestor reverence.

[86]A party for the Orishas.

[87]An offering to the Orishas.

[88]Majestic tropical tree with umbrella-shaped crown.

[89]*Song of the Simple Truth: The Complete Poems of Julia de Burgos.* Trans. Jack Agüeros. Northwestern University Press, 1995.

[90]In Yoruba it is understood that the living share "heads" or "oris" with the ancestors and are considered their living manifestations. Yetunde literally means "mother returns" and when used as a name implies that the person named is simply his or her "mother returned." In this case Yetunde-Marta would be "Marta returned," or the spirit of Marta manifest once again on earth.

[91]Reference to *La cuarterona*, one of the few nineteenth century Puerto Rican texts to address the issues of race and slavery. Refers to a person with one fourth "white blood."

[92]Sugar cane flower.

[93]Sugar cane extract, molasses.

[94]Kapok trees.

[95]The word ñáñigo refers to Africans of Carabalí origin.

[96]One of the most powerful orishas in Santería, Yemayá is the goddess of the ocean, the mother of all living things and of all orishas.

[97]Reference to the poetic subject of Luis Palés Matos' poem "Majestad Negra" (Black Majesty) that celebrates the woman who survived; this poem references all those who did not.

[98]Region in Africa corresponding to present day Democratic Republic of Congo.

[99]Known in Puerto Rico as "Siempreviva," the flower is believed to have healing powers; the flower is used in the Baquiné funeral ritual for a child.

[100]The first music of Puerto Rico, created by African slaves on the sugar plantations.

[101]Yoruba funeral service held for children.

[102]Yoruba ancestral celebrations involving costumes or masquerades honoring the dead and giving the ancestors a place of honor amongst the living.

[103]This poem is a retelling of the patakí or tale of the sisters Oshún and Yemayá.

[104]"She" refers to Oshún.

[105]"Presence" refers to Yemayá.

[106]An orisha in Yoruba religion, the mother of fresh water like rivers, and the goddess of beauty, love, and sexuality; she is associated with the colors of gold and deep yellow.

[107]Hispanicized spelling of Oshún (Yoruba).

[108]In Yoruba religion, the goddess of the ocean, the mother of all living things and of all orishas.

[109]In Yoruba religion, Orisha of the rainbow; and word meaning rainbow.

[110]Refers to people from Western Africa.

[111]Refers to Haitian Maroon leader François Mackandal, captured and burned alive by French colonists in 1758.

[112]In Haitian Voudou, spirits of death and fertility.

[113]In Haitian Voudou, deities.

[114]Refers to senior spirit in Haitian Voudou; considered to be the spirit of love, vengeance and rage and linked to the slave revolt of 1791 which began following a big feast in Her honor.

[115]In Haitian Voudou, spirit, primordial creator of all life; portrayed as a serpent, moves between water and earth generating life.

[116]Restaurant in Loíza, Puerto Rico, owned by a mystic in her eighties, Maria Dolores de Jesús, also known as Lula.

[117]Flat cooking plate or griddle traditionally made of clay and used by the Taíno to cook casabe.

[118]Perfume popular among Yoruba practitioners of santería. Sold by Murray & Lanman since 1808. At the moment, Lanman & Kemp holds the trademark and still manufactures the original.

[119]Branding iron used to mark ownership of slaves amply used in the Trans-Atlantic slave trade.

[120]From Yoruba, referring to divine life force.

[121]These numbers are significant in both Yoruba and Judaic traditions.

[122]One of three manifestations of the Supreme God in Santería.

[123]Ancient Yoruba city in Southwestern Nigeria where the Yoruba

believe their civilization began as well as the location where the gods descended to earth.

[124]From *The Drama of the Oceans* (1975). Elisabeth Mann Borgese was Chairperson of the International Ocean Institute in Malta and youngest daughter of the author Thomas Mann.

[125]African proverb cited by Eduardo Galeano in *The Book of Embraces* (1989).

[126]Small boat with oars and sail used by migrants to cross the Caribbean Sea.

[127]Small boat.

[128]Calabar slaves, both men and women, were referred to as Ñáñigos in Puerto Rico. In Cuba the term refers to male members of the Abakuá Male Society. The Society's origins are based on the Calabar legend of Sikán, a Ñáñiga who divulges the secrets of the Society and is sacrificed. Sikan's secret was passed to men and women were banned from the society.

[129]Refers to slaves from the Congo.

[130]Fetish of African origin with the image of a walking black person used in ceremonies to clear the way.

[131]Protagonist of José Lezama Lima's *Paradiso*.

[132]Twentieth-century Puerto Rican poet. According to critics of Puerto Rican literature, the great threesome of Puerto Rican poetry is composed by Evaristo Ribera Chevremont, Luis Lloréns Torres, and Luis Palés Matos.

[133]Grandmother.